AF451965

PREMIÈRES NOTIONS

DE MUSIQUE

OUVRAGES DU MÊME AUTEUR

En vente chez GIROD, boulevard Montmartre, 16

COURS COMPLET L'HARMONIE, théorique et pratique. Nouvelle édition. 2 volumes grand in-8. Chaque volume se vend séparément. Prix........................... 10 fr.

Approuvé par l'Académie des beaux-arts de l'Institut de France, et adopté pour servir à l'enseignement au Conservatoire de musique.

MANUEL D'HARMONIE, 1 vol. grand in-8. Prix........................... 7 fr.

MESSE A QUATRE VOIX (soli et chœurs), avec accompagnement d'orgue, de violoncelle et contre-basse (ad libitum), dédiée à Mgr Darboy, archevêque de Paris. Prix net. 7 fr.

Parties séparées. Net........................... 3 fr.

Parties de violoncelle et contre-basse. Net........................... 1 fr.

RECUEIL DE PLAINS-CHANTS D'ÉGLISE (chants liturgiques), harmonisés à trois et quatre voix. Publié avec l'approbation de Mgr l'Archevêque de Paris. Nouvelle édition. Net. 6 fr.

DIVERS MOTETS et morceaux de musique sacrée.

Typographie Lahure, rue de Fleurus. 9, à Paris.

PREMIÈRES NOTIONS
DE MUSIQUE

EXTRAITES

DES PRINCIPES DE LA MUSIQUE

PAR A. SAVARD

PROFESSEUR D'HARMONIE AU CONSERVATOIRE DE MUSIQUE DE PARIS

SEPTIÈME ÉDITION

PARIS

LIBRAIRIE HACHETTE ET C·

BOULEVARD SAINT-GERMAIN, 79

ET CHEZ GIROD, ÉDITEUR DE MUSIQUE

BOULEVARD MONTMARTRE, 16

1872

6 479

PRÉFACE [1].

Faire connaître les éléments d'un art qui occupe, de nos jours, une si grande place, est un travail d'une opportunité incontestable. Si la pratique de la musique se vulgarise, il faut qu'à cette pratique se joigne la connaissance des principes sur lesquels elle repose.

Et cependant, pour beaucoup de ceux qui cultivent la musique, il n'en est pas ainsi. Souvent, après de longues années consacrées exclusivement à l'étude du mécanisme de l'exécution, toute la science musicale se borne à la connaissance usuelle des signes de la notation.

Cette ignorante insouciance des principes et des saines traditions est funeste aux intérêts de l'art, car elle laisse le champ libre au charlatanisme et à toutes les cupides exploitations.

Ajoutons que si elle nuit à l'art, elle n'est pas moins préjudiciable à l'individu. C'est surtout quand l'élève veut s'initier à la science de l'harmonie

(1) Préface de l'ouvrage complet : *Principes de la musique et méthode de transposition*, 1 volume in-8. 4 fr.

et de la composition que cette lacune laissée dans les premières études devient un malheur presque irréparable. L'éducation musicale a été manquée; elle doit être reprise en sous-œuvre. Mais l'amour-propre ne veut pas s'avouer cela, ou bien le temps fait défaut. Le professeur est alors obligé d'avoir recours à des procédés empiriques, au lieu de s'adresser à l'intelligence; l'élève pourra acquérir le métier, jamais le savoir.

Frappé de ces considérations, nous venons exposer les résultats de l'expérience que nous avons acquise pendant notre professorat. Ce travail, produit pour les besoins de notre enseignement, s'est trouvé fait et mis en œuvre avant de devenir le livre que nous éditons; et ce n'est qu'après l'espèce de consécration qu'il a reçue de cette épreuve que nous osons le livrer à la publicité.

Ce n'est pas ici une œuvre d'imagination. Nous ne prétendons pas avoir *inventé* les principes de la musique. Notre tâche se bornait à apporter de l'ordre dans la classification des matériaux, de la précision et de la netteté dans la rédaction. Nous avons profité des travaux de nos devanciers, et nous leur payons un juste tribut de reconnaissance.

Mais nous avons essayé surtout de faire un ouvrage pratique, une véritable *méthode;* et c'est par là, nous le croyons, que ce livre se distingue de ceux qui ont été publiés sur le même sujet.

Voici les idées qui nous ont dirigé :

Le plus souvent l'étude de la musique est commencée dès l'enfance; or, pour cet âge particulièrement, il faut de la clarté et de la simplicité. L'enfant ne saisit guère que le côté sensible des choses ; il apprend vite à connaître les signes, il retient facilement les mots.

Le premier enseignement doit se borner à les présenter d'une manière simple et méthodique ; il ne peut tout dire, mais il doit préparer l'avenir.

On ne sait bien que ce que l'on a pratiqué. L'étude pratique de la musique doit donc accompagner ces premières notions, succinctes, mais générales.

L'élève, ainsi préparé à un enseignement plus substantiel, entreprendra avec succès une étude approfondie de la langue musicale qu'il commence à parler. Cette étude, que nous pourrions appeler *grammaticale,* trouvera

plus tard son complément dans l'analyse raisonnée des chefs-d'œuvre de
l'art. Alors, homme de goût, musicien instruit et éclairé, il possédera
quelque chose de plus et de mieux que cette dextérité toute mécanique qui
ne s'acquiert et ne se conserve que par un labeur incessant.

Voici le plan que nous avons suivi :

Un court exposé, intitulé : Premières Notions, donne, sous la forme la
plus simple et qui nous a paru la mieux appropriée à un enseignement pri-
maire, les rudiments de la langue des sons. Ce petit questionnaire pourra
être appris par cœur, et il fournira au jeune élève les connaissances stricte-
ment nécessaires pour éclairer ses premiers pas.

Après cette sorte d'ABC, nous abordons pleinement notre sujet. Cette
partie de notre travail, intitulée : Etude développée, forme un tout complet.
indépendant; elle est en réalité tout l'ouvrage. Nous y reprenons, sous une
forme explicative, ce que les *premières notions* contenaient en germe, nous
conformant ainsi à la marche de la nature.

Cependant, comme un voyageur qui, chaque jour, se rend compte de l'espace qu'il a franchi, nous nous arrêtons fréquemment, et, jetant les yeux sur le chemin parcouru depuis la dernière étape, nous donnons un *résumé* dont les courts paragraphes peuvent être retenus facilement. Chacun de ces résumés est suivi d'*exercices* qui permettent de s'assurer qu'on a bien compris ce qui a été dit, et fournissent le moyen d'en faire l'application.

Les élèves auxquels un enseignement explicatif ne saurait convenir, pourraient s'en tenir à ces résumés écrits en caractères plus gros que le reste du texte, et aux exercices qui les suivent.

Enfin, pour ne pas entraver la marche régulière de l'enseignement, nous avons rejeté dans des notes, à la fin du livre, les éclaircissements sur des faits qui se rattachent, soit aux origines, soit à la partie scientifique de l'art, et qu'il importe à un musicien de ne pas ignorer.

Nous avons multiplié les *questions* et les *exercices* sur la théorie et son application ; nous indiquons aussi un cours de *dictées musicales*, mais nous n'avons pas cru devoir y joindre des leçons de solfége. Les solféges ne manquent pas. et c'eût été grossir inutilement ce livre déjà trop volumineux.

Ceux qui, après ce cours élémentaire, voudraient poursuivre leurs études, seront merveilleusement préparés à l'étude de l'harmonie (1). Pour eux, les aspérités de la route se trouveront aplanies, et ces Principes répandront la lumière sur tout ce qui reste à apprendre.

———

L'Arrêté ministériel, qui rend obligatoire l'étude de la musique dans les lycées et les écoles, sanctionne les considérations qu'on vient de lire touchant la vulgarisation de la musique et l'opportunité d'un ouvrage qui en fasse connaître les principes.

Nous sommes heureux de voir que notre travail correspond parfaitement au programme officiel, ainsi qu'il résulte de la *Table de concordance* qui suit :

———

(1) Nous indiquerons comme faisant suite à cet ouvrage notre *Manuel d'harmonie* et notre *Cours complet d'harmonie*.

TABLE DE CONCORDANCE

AVEC LE PROGRAMME OFFICIEL DE L'ENSEIGNEMENT SECONDAIRE SPÉCIAL.

Abréviations
N.
P.
H.

Programme officiel.	Concordance.
Premières notions de musique..	**N.**
Principes de la musique..	**P.**
Manuel d'harmonie..	**H.**

Programme officiel. / **ANNÉE PRÉPARATOIRE.** / **Concordance.**

Exercices sur la durée des notes et des silences. — Premières notions de la gamme majeure. — Mesures binaires.	**N.** (Gros texte.)

PREMIÈRE ANNÉE.

Du son musical..	**P.** Introduction.
Son initial. — Octave d'un son. — Sons intermédiaires. — On distingue sept sons principaux. — Ils forment la gamme. — Quel est le plus important des sons de la gamme?	**N.** Leçon 2e. **P.** 1re partie, ch. I, II et IV.
Intervalles diatoniques. — Degrés..	**N.** Leçons 11e et 14e. **P.** 1re partie, ch. I, II et III.
Notes. — Portée. — Clef de sol..	**N.** Leçons 1re et 3e. **P.** 1re partie, chap. I.
Tons et demi-tons..	**N.** Leçons 11e et 12e. **P.** 1re partie, chap. II.
Énumération des intervalles contenus dans la gamme diatonique. Expliquer les noms qui ont été donnés à ces intervalles. — Intervalles majeur et mineur.	**N.** Leçons 11e et 12e. **P.** 1re partie, ch. III et V.
Accord parfait. — De quels intervalles il se compose..	**P.** 1re partie, chap. IV.
Vocabulaire des principales appellations usitées en musique..	**P.** 2e part., ch. II et append.
Du temps. — Durée binaire. — Impossibilité de faire de la musique d'ensemble si les durées étaient arbitraires. — Conventions adoptées pour représenter les diverses durées. — Rondes, blanches, noires, etc., leurs valeurs.	**N.** Leçon 4e. **P.** 2e partie, chap. I.
Des silences. — Formes et valeurs des signes adoptés. — Relation entre les formes des signes et les valeurs des notes.	**N.** Leçon 5e. **P.** 2e partie, chap. I.
Du point. — Sa valeur. — Son emploi. — De la syncope. — Syncopes égales ou inégales. — Point d'orgue.	**N.** Leçon 6e. **P.** 2e partie, chap. I et II.

DEUXIÈME ANNÉE.

Du genre chromatique. — D'où lui vient son nom? — Gamme chromatique. — Combien de degrés dans cette gamme? — Demi-tons chromatiques et demi-tons diatoniques.	**N.** Leçon 13e. **P.** 1re partie, chap. II.
Dièses. — Bémols. — Notes synonymes. — Tempérament.	**N.** Leç. 14e. **P.** 1re p., ch. II.

Reprendre l'étude de la gamme diatonique. — Du mode. — Modes majeur et mineur. — Type de la gamme majeure. — Type de la gamme mineure. — Intervalles caractéristiques des deux modes. — Accords majeurs. — Accords mineurs. — Diverses manières de chanter et d'écrire la gamme mineure.	**N.** Leçons 19e et 20e. **P.** 1re partie, chap. **V.**
De la tonalité. — Étude des tétracordes. — Constructions des gammes diatoniques majeures et mineures sur d'autres toniques que celles de *do* et de *la*. — Altération des notes. — Naissance des accidents. — Série des accidents quand on prend pour tonique les quintes en montant ou en descendant à partir de *do*. — Sensible. — Attraction de la sensible par l'octave. — Quarte. — Attraction de la quarte par la tierce. — Reconnaître la tonalité d'un morceau au moyen des accidents placés à la clef.	**N.** Leçons 15e, 16e, 17e, 18 et 21e. **P.** 1re partie chap. IV et V.
Ces accidents suffisent-ils pour reconnaître le mode? — Écrire en regard des gammes majeures et mineures pour en comparer les intervalles et la formation.	**N.** Leçon 21e. **P.** 1re partie, chap. **V.**
Étude de la clef de *fa*...	**N.** Leç. 3e. **P.** 1re p., ch. I

TROISIÈME ANNÉE.

De la modulation. — Ce qu'on entend par moduler. — Moduler à la quinte supérieure et inférieure. — Moduler du majeur au mineur et réciproquement; effet de cette modulation sur l'oreille. — Modulations régulières ou éloignées, passagères ou durables. — Comment les distingue-t-on? Importance de cette distinction pour la solmisation.	**P.** 1re partie, chap. **II** et **IV.** **H.**, chap. **VI.**
De la voix. — Des sept espèces de voix. — Tableau de la portée générale des voix. — Clefs attribuées aux diverses espèces de voix. — Usages de la clef d'*ut*. — Elle sert de passage entre la clef de *sol* et la clef de *fa*.	**P.** 1re partie, chap. **I.**
Du timbre. — Des instruments. — Division des instruments en graves, intermédiaires et aigus.	**P.** 1re part., introd. et ch. I
Du genre enharmonique. — De l'intervalle dit *enharmonique*. — Est-il appréciable à l'oreille? — De la transition enharmonique : effet sur l'oreille — Nombreux exemples tirés des grands maîtres.	**P.** 1re partie, chap. **II.** **H.**, chap. **VI.**
Des nuances. — Du mouvement. — Du rhythme. — Du temps. — Rapports entre le rhythme et le temps.	**P.** 2e partie, chap. **II** et appendices.
Analyse de la mélodie. — Qu'est-ce qu'on entend par phrase musicale? — Par période? — Du repos complet et du demi-repos. — Cadence entière et demi-cadence. — Qu'est-ce que l'on appelle phraser. — Analyse musicale des phrases et des périodes d'un morceau donné.	**P.** 1re partie, ch. V; 2e partie chap. 1. **H**, ch. V et **XII.**
Mélodies simples et ornées. — Des notes de passage. — Ornements d'une mélodie. — Simplification d'une phrase par la soustraction de toutes ses broderies.	**P.** Append. **H.**, ch. XI et **XII**
De la transposition. — Transposer à la seconde... à la tierce... en montant. — Deux, quatre, six... accidents. — Loi de cette progression. — Transposition à la seconde, à la tierce... en descendant. — Naissance des accidents. — Loi de leur progression.	**P.** 1re partie, chap. **VI.**

Les matières indiquées pour la *quatrième année*, se trouvent développées dans notre *Manuel d'Harmonie*. 1 volume in-8. 7 fr.

PREMIÈRES NOTIONS
DE MUSIQUE

On peut, au besoin, simplifier encore ces courtes notions, en laissant de côté, pour un temps, tout le texte en petit caractère.

PREMIÈRE LEÇON.

DE LA MUSIQUE. — DES NOTES. — DE LA PORTÉE.

D. *Qu'est-ce que la musique?*

R. C'est l'art de combiner les sons.

D. *Comment représente-t-on les sons dont on se sert en musique?*

R. On représente les sons par des signes appelés notes, qu'on place sur la portée.

Définition de la musique.

Notes.

D. *Qu'est-ce que la portée ?*

R. On nomme *portée* la réunion de cinq lignes sur lesquelles on écrit la musique.

D. *Quelle est la première ligne de la portée ?*

R. C'est la ligne du bas.

EXEMPLE :

D. *Comment se placent les notes sur la portée ?*

R. Les notes se placent sur les lignes et entre les lignes de la portée.

EXEMPLE :

D. *Peut-on augmenter l'étendue de la portée ?*

R. On peut, au besoin, augmenter l'étendue de la portée en y ajoutant de petites lignes que l'on appelle *lignes supplémentaires.*

Lignes sup-
plémentaires.

EXEMPLE :

DEUXIÈME LEÇON.

NOMS DES NOTES. — ÉCHELLE OU GAMME DIATONIQUE.

D. *Quels noms donne-t-on aux notes ?*

R. On donne aux notes les noms : *ut* (ou *do*), *ré, mi, fa, sol, la, si.*

Noms des
notes.

Ces notes représentent une série de sons s'élevant graduellement.

Lorsqu'on a épuisé cette série de sons, on en recommence une autre toute semblable, quoique plus élevée, à laquelle on applique les mêmes noms ; puis une troisième, et ainsi de suite.

1re Série.   2e Série.   3e Série.

EXEMPLE :   *ut, ré, mi, fa, sol, la, si, ut, ré, mi, fa, sol, la, si, ut, ré, mi, fa, sol, la, si.*

De même, en sens inverse, en descendant.

Gamme ou échelle diatonique.

D. *Comment appelle-t-on la série des notes se succédant dans l'ordre ci-dessus, en montant, et dans l'ordre inverse, en descendant ?*

R. Cette succession s'appelle *gamme* ou *échelle diatonique*.

EXEMPLE :

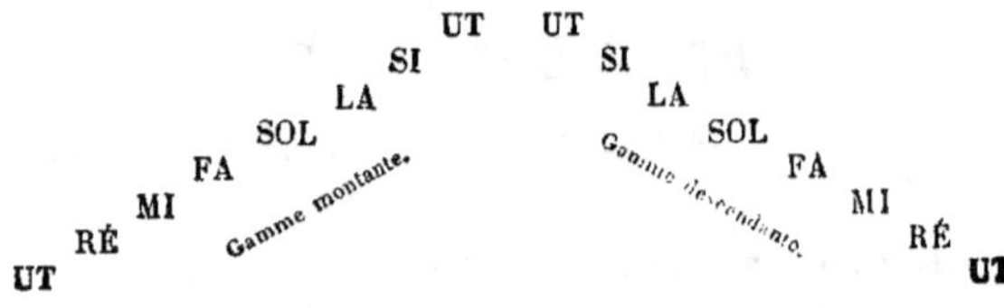

TROISIÈME LEÇON.

DES CLEFS.

D. *Comment indique-t-on la place qu'occupe sur la portée chacune des notes de la gamme?*

Objet des clefs, leur figure, leur position, etc

R. Par le moyen des *clefs*.

D. *Qu'est-ce qu'une clef?*

R. Une clef est un signe qui indique la position d'une note, et, par celle-ci, la position des autres notes.

D. *Où se place la clef?*

R. La clef se place au commencement de la portée, sur l'une des cinq lignes.

D. *Combien y a-t-il de sortes de clefs? Quelles sont-elles?*

R. Il y a trois sortes de clefs : la clef de *fa* ⨀: , la clef d'*ut* ‖ , et la clef de *sol* 𝄞 .

D. *Quelle est la destination particulière de chacune de ces clefs?*
R. La clef de *sol* sert à écrire les sons *aigus* (élevés); la clef de *fa* s'emploie pour les sons *graves* (bas); et la clef d'*ut* est destinée aux sons du *médium* (milieu).

2

D. *Chaque clef ne peut-elle pas occuper sur la portée diverses positions ?*

R. Chacune de ces clefs peut être posée sur différentes lignes.

D. *Quelles sont les clefs les plus usitées ?*

R. Ce sont : la clef de *sol,* sur la deuxième ligne, et la clef de *fa,* sur la quatrième ligne.

Position des notes par la clef de *sol,* 2ᵉ ligne.

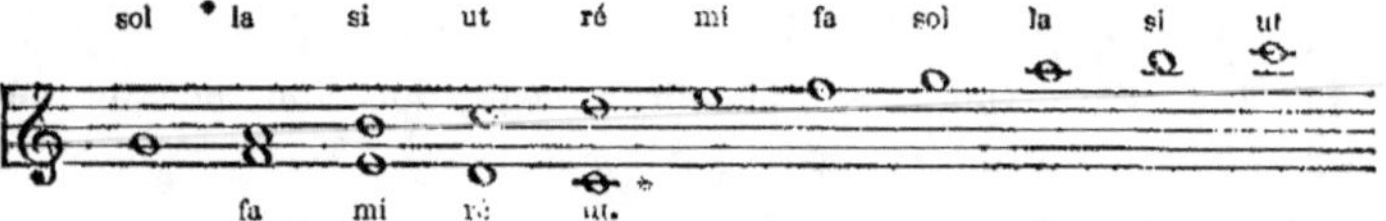

Position des notes par la clef de *fa,* 4ᵉ ligne.

Nota. — L'*ut* marqué de ce signe * en clef de *sol* est le même son que l'*ut* marqué du même signe en clef de *fa.* Cela s'appelle *unisson.*

QUATRIÈME LEÇON.

SIGNES DE DURÉE. — VALEURS DES NOTES.

D. *Comment fait-on pour indiquer la durée plus ou moins longue des* sons ?

R. Pour indiquer la durée plus ou moins longue des sons, on varie la figure des notes.

D. *Quelles sont les diverses figures des notes?*

R. Ce sont : la *ronde* o , la *blanche* ♩ , la *noire* ♩ , la *croche* ♪ ,

la *double croche* ♬ , la *triple croche* ♬ , et la *quadruple croche* ♬ .

D. Quelle est la valeur de la ronde ?

R. La ronde 𝅝 vaut deux blanches 𝅗𝅥 𝅗𝅥 ;

         ou 4 noires.
         ou 8 croches.
         ou 16 doubles croches.
         ou 32 triples croches.
         ou 64 quadruples croches.

D. *Quelle est la valeur de la blanche ?*

R. La blanche 𝅗𝅥 vaut deux noires 𝅘𝅥 𝅘𝅥 ;

         ou 4 croches.
         ou 8 doubles croches.
         ou 16 triples croches.
         ou 32 quadruples croches.

D. *Quelle est la valeur de la noire ?*

R. La noire 𝅘𝅥 vaut deux croches 𝅘𝅥𝅮 𝅘𝅥𝅮 :

         ou 4 doubles croches.
         ou 8 triples croches.
         ou 16 quadruples croches.

D. *Quelle est la valeur de la croche ?*

R. La croche ♪ vaut deux doubles croches ♫;

       ou 4 triples croches.
       ou 8 quadruples croches.

D. *Quelle est la valeur de la double croche ?*

R. La double croche ♬ vaut deux triples croches ♬;

       ou 4 quadruples croches.

D. *Quelle est la valeur de la triple croche ?*

R. La triple croche ♬ vaut deux quadruples croches ♬.

CINQUIÈME LEÇON.

SIGNES DE DURÉE (suite). — SILENCES.

Silences.

D. *Qu'appelle-t-on silences ?*

R. On appelle *silences* les signes qui indiquent l'interruption momen-tanée des sons.

Valeurs
des silences.

D. *Y a-t-il, pour chaque valeur de note, un silence équivalent ?*

R. Il y a pour chaque valeur de note une valeur de silence correspon-dante.

D. *Quel est le silence qui équivaut à la ronde ?*

R. La *pause* _____ est égale à la ronde. . . . . o

  NOTA. — La pause est placée au-dessous de la ligne.

D. *Quel est le silence qui équivaut à la blanche ?*

R. La *demi-pause* ——■—— est égale à la blanche. . . . . . ♩

  NOTA. — La demi-pause est placée au-dessus de la ligne.

D. *Quel est le silence qui équivaut à la noire ?*

R. Le *soupir* ⁊ est égal à la noire . . . . ♩
Nota. — La tête du soupir est à droite.

D. *Quel est le silence qui équivaut à la croche ?*

R. Le *demi-soupir* ⁊ est égal à la croche. . . . . . ♪
Nota. — La tête du demi-soupir est à gauche.

D. *Quel est le silence qui équivaut à la double croche ?*

R. Le *quart de soupir* ⁊ est égal à la double croche. .
Nota. — Autant de têtes au silence qu'il y a de crochets à la note.

D. *Quel est le silence qui équivaut à la triple croche ?*

R. Le *huitième de soupir* ⁊ est égal à la triple croche
Nota. — Autant de têtes au silence qu'il y a de crochets à la note.

D. *Quel est le silence qui équivaut à la quadruple croche ?*

R. Le *seizième de soupir* ⁊ est égal à la quadruple croche
Nota. — Autant de têtes au silence qu'il y a de crochets à la note.

SIXIÈME LEÇON.

SIGNES DE DURÉE (suite). — POINTS D'AUGMENTATION. — LIAISON.

Points d'aug-
mentation
après
les notes.

D. *Quel est l'effet du point placé après une note ?*

R. Un point placé après une note augmente de moitié la valeur de cette note.

D. *Que vaut une ronde pointée ?*

R. Une ronde pointée. . . . .

vaut une ronde et demie ou trois blanches. .

D. *Que vaut une blanche pointée ?*

R. Une blanche pointée. . . . .

vaut une blanche et demie ou trois noires. . .

D. *Que vaut une noire pointée ?*

R. Une noire pointée. . . . .

vaut une noire et demie ou trois croches. . .

Et ainsi des autres valeurs.

D. *Le point d'augmentation se place-t-il aussi après les silences ?*

R. Le point peut aussi être mis après les silences, et il les augmente, comme les notes, de la moitié de leur valeur.

Points d'augmentation après les silences.

EXEMPLE : { Un soupir pointé. . . . .
{ vaut un soupir et un 1/2 soupir.

D. *Peut-on mettre plus d'un point après une note ou après un silence ?*

R. Une note ou un silence peut être suivi de deux points (et même de trois) ; alors le dernier point vaut toujours la moitié du précédent.

EXEMPLES :

Une blanche suivie de deux points . . . .

vaut une blanche, une noire et une croche . . . . .

Un soupir suivi de deux points . . . .

vaut un soupir, un demi-soupir et un quart de soupir.

Liaison.

D. *Qu'est-ce que la liaison ?*

R. La *liaison* est un signe qui sert à réunir deux ou plusieurs notes.

équivaut à

SEPTIÈME LEÇON.

SIGNES DE DURÉE (suite). — DU TRIOLET.

D. *Qu'est-ce qu'un triolet ?*

R. Un *triolet* est un groupe de trois notes égales qui doit être fait dans le temps que dureraient deux notes ordinaires de même figure que celles du triolet. (C'est la division ternaire d'une valeur simple.)

D. *Comment indique-t-on ces triolets?*

R. On place le chiffre 3 au-dessus du groupe en triolet, pour le faire reconnaître.

EXEMPLE :

équivalant à

ou à

Groupes
de six notes
pour
quatre.

D. *N'y a-t-il pas aussi des groupes de six notes égales pour quatre ?*

R. Oui, il y a aussi des groupes de six notes égales équivalant à quatre notes ordinaires de la même figure.

D. *Comment indique-t-on ces valeurs ?*

R. Ces valeurs sont indiquées au moyen au chiffre 6 placé au dessus du groupe.

EXEMPLE :

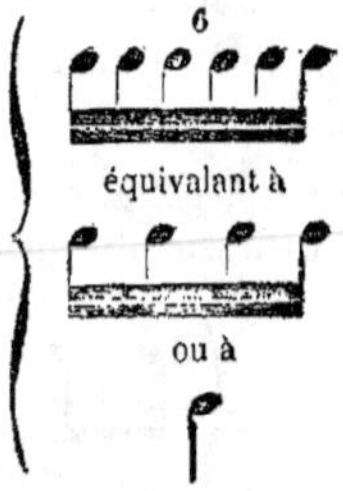

HUITIÈME LEÇON.

DE LA MESURE.

D. *Qu'est-ce que la mesure?*   De la mesure.

R. On appelle *mesure*, en musique, la division d'un morceau en courtes parties d'égale durée.

D. *Comment figure-t-on la mesure?*

R. Au moyen des *barres de mesure*.

D. *Qu'est-ce que les barres de mesure?*   Barres
de mesure.

R. On nomme *barres de mesure* les lignes qui traversent la portée, de distance en distance.

D. *Comment nomme-t-on les espaces que les barres de mesure forment entre elles ?*

R. Les espaces que les barres de mesure forment entre elles se nomment *mesures*.

D. *Que contiennent les mesures ?*

R. Chaque mesure contient, en notes ou en silences, une somme égale de valeurs.

Par exemple, si c'est une ronde qui doit former la totalité de la mesure, chaque mesure contiendra cette valeur représentée d'une manière quelconque :

NEUVIÈME LEÇON.

DE LA MESURE (suite). — TEMPS DE LA MESURE.

D. *Chaque mesure n'est-elle pas elle-même divisée?*

R. Chaque mesure se divise elle-même en parties égales, que l'on nomme *temps*.

D. *En combien de temps divise-t-on les mesures?*

R. Il y a des mesures à deux temps, des mesures à trois temps et des mesures à quatre temps.

D. *N'y a-t-il pas deux sortes de temps?*
R. On distingue, dans la mesure, des *temps forts* et des *temps faibles.*

D. *Qu'est-ce qu'un temps fort?*
R. Un temps fort est celui sur lequel le son est plus accentué, plus marqué.

D. *Quelle est la nature du premier temps de chaque mesure ?*

R. Le premier temps de chaque mesure est un temps fort.

EXEMPLES :

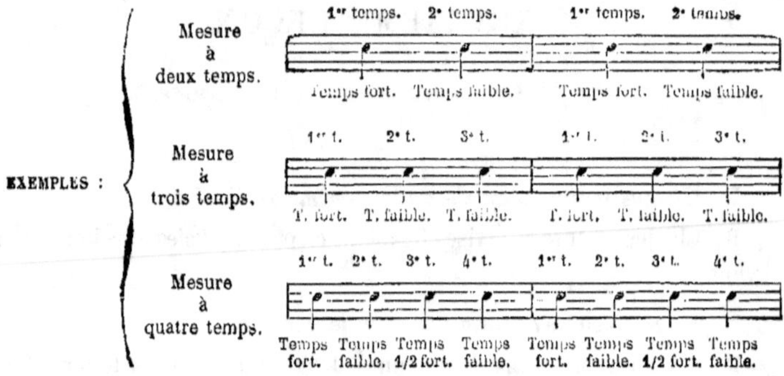

DIXIÈME LEÇON.

MESURES SIMPLES ET MESURES COMPOSÉES. — SIGNES QUI LES INDIQUENT.

D. *Comment classe-t-on les mesures ?*

R. On classe les mesures en *mesures simples* et en *mesures composées*.

D. *Qu'appelle-t-on mesures simples ?*

R. Les mesures simples sont celles dont chaque temps est formé par la valeur d'une note simple : ronde, blanche, noire ou croche.

Mesures simples

EXEMPLE :

D. *Qu'appelle-t-on mesures composées ?*

R. Les mesures composées sont celles dont chaque temps est formé par la valeur d'une note pointée : ronde blanche, noire ou croche,

Mesures composées

3

Mesures composées (à deux temps).

Manière d'indiquer les diverses mesures.

D. *Comment indique-t-on les diverses mesures?*

R. On les indique au moyen de signes ou de chiffres qu'on place en tête du morceau après la clef.

Mesures les plus usitées.

D. *Quelles sont les mesures les plus usitées?*

R. Voici les mesures les plus usitées et les signes qui les représentent :

MESURES SIMPLES.

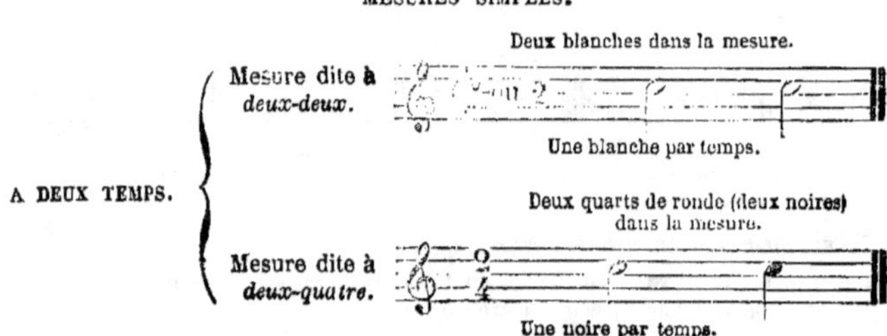

A TROIS TEMPS.

Mesure dite à *trois-quatre*.

Mesure dite à *trois-huit*.

A QUATRE TEMPS.

MESURES COMPOSÉES.

A DEUX TEMPS.

Mesure dite à *six-huit*.

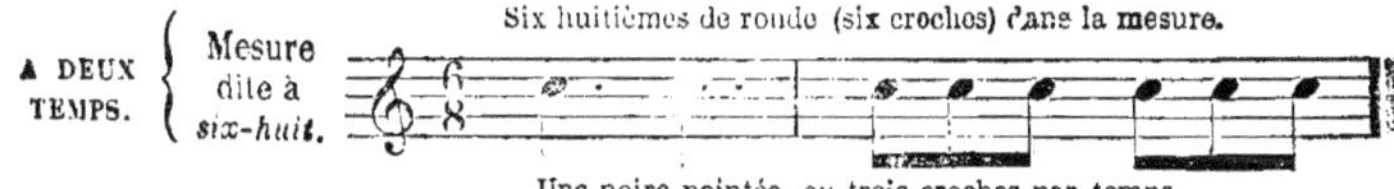

Une noire pointée ou trois croches par temps.

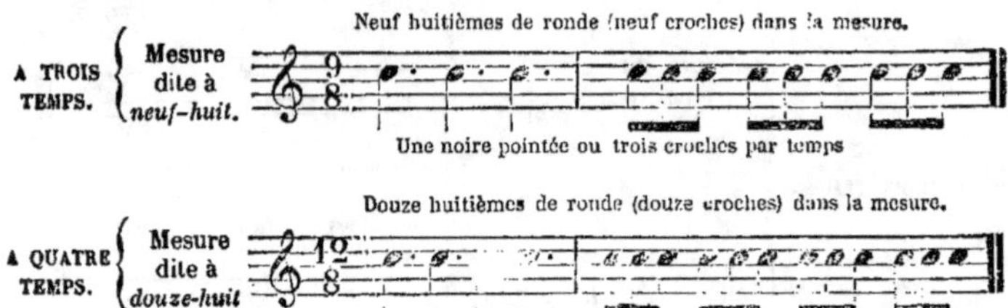

La pause,
silence d'une
mesure
quelconque.

D. *Comment indique-t-on le silence d'une mesure quelconque?*

R. La *pause*, outre sa signification naturelle (valeur de la ronde), sert encore à indiquer le silence d'une mesure entière, quelle qu'en soit la composition (1).

(1) Il faut excepter les mesures, actuellement inusitées, dont la valeur excède une ronde pointée.

ONZIÈME LEÇON.

DEGRÉS DE LA GAMME. — TONS ET DEMI-TONS.

D. *Qu'appelle-t-on degrés de la gamme ?*   Degrés.

R. La gamme est comparée à une *échelle*, les sons qui la composent en forment les *degrés* (les échelons).

EXEMPLE :

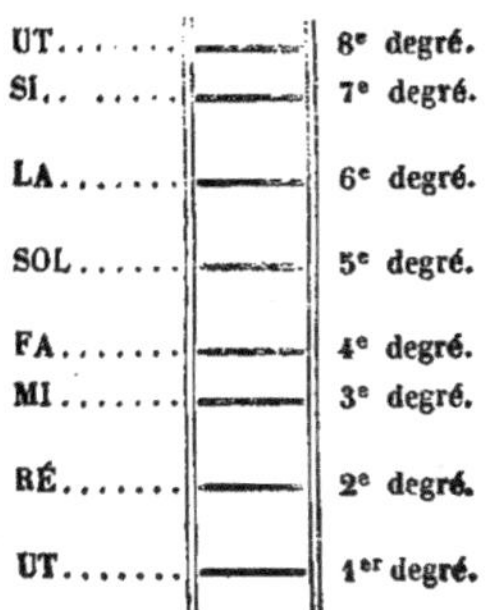

D. *La distance qui sépare les degrés de la gamme est-elle la même entre tous ?*

R. Non ; entre certains degrés, cette distance est d'un *ton*, et entre certains autres, elle n'est que d'un *demi-ton*.

Ton.   D. *Quelle est la distance qu'on appelle ton ?*

R. On appelle ton toute distance semblable à celle qui sépare l'*ut* du *ré*, ou le *ré* du *mi*, ou le *fa* du *sol*, etc.

Demi-ton.   D. *Quelles sont les notes entre lesquelles il n'y a qu'un demi ton ?*

R. Il n'y a qu'un *demi-ton* du *mi* au *fa*, et du *si* à l'*ut* (voy. la figure page 37).

Nombre des tons et demi-tons dans la gamme diatonique.   D. *Combien la gamme diatonique (que nous avons déjà vue) renferme-t-elle de tons et de demi-tons ?*

R. Cette gamme diatonique contient cinq tons et deux demi-tons.

EXEMPLE :

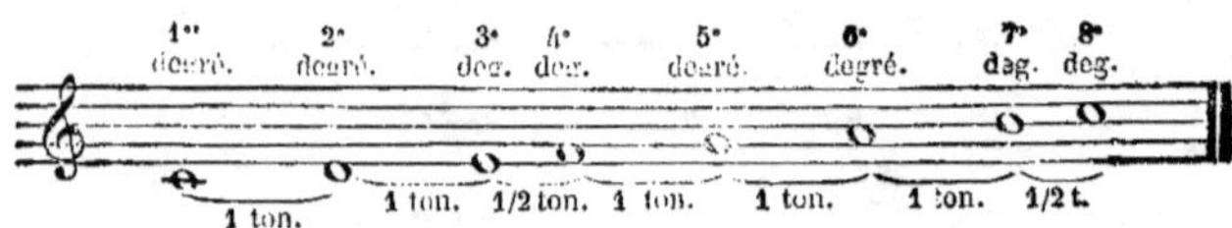

D. *Entre quels degrés les demi-tons sont-ils placés dans cette gamme ?* Position
des
demi-tons

R. Les demi-tons sont placés (ainsi qu'on le voit dans l'exemple précédent) du troisième au quatrième degré, et du septième au huitième.

DOUZIÈME LEÇON.

SIGNES D'ALTÉRATION.

D. *Chaque ton peut-il être partagé en deux demi-tons?*
R. Oui, chaque ton peut être partagé en deux demi-tons.

D. *Par quel moyen figure-t-on cette division?*
R. Cette division est figurée au moyen des *signes d'altération.*

D. *Qu'appelle-t-on signes d'altération?* Signes
d'altération.

R. On appelle *signes d'altération* des signes indiquant qu'il faut élever ou abaisser le son des notes devant lesquelles ils sont placés.

D. *Désignez les divers signes d'altération. — Indiquez leur effet?*

R. Les signes d'altération sont :

Dièse.   Le *dièse* ♯ qui élève la note d'un demi-ton ;

Bémol.   Le *bémol* ♭ qui baisse la note d'un demi-ton.

Double dièse et double bémol.   D. *Existe-t-il d'autres signes d'altération que le dièse et le bémol ?*

R. Il y a encore le *double dièse* 𝄪 qui hausse la note de deux demi-tons, et le *double bémol* ♭♭ qui la baisse de la même quantité.

Bécarre.   D. *Qu'est-ce que le* bécarre *? à quoi sert-il ?*

R. Le *bécarre* ♮ est un signe destiné à ramener à l'etat *naturel* une note précédemment *altérée*.

Notes naturelles et notes altérées.   D. *Qu'est-ce qu'une note naturelle et une note altérée ?*

R. On nomme *naturelle* une note qui n'est sous l'empire d'aucun signe d'altération ; et l'on nomme *altérée*, celle qui en subit l'effet.

TREIZIÈME LEÇON.

EMPLOI DES SIGNES D'ALTÉRATION. — DEMI-TON DIATONIQUE ET DEMI-TON CHROMATIQUE. — GAMME OU ÉCHELLE CHROMATIQUE.

D. *Comment place-t-on les signes d'altération?*

R. Les signes d'altération se placent **devant** la note sur laquelle ils doivent agir.

Position
des signes
d'altération.
Etendue
de leur effet.

EXEMPLE :

D. *Les signes d'altération n'agissent-ils que sur la note devant laquelle ils sont placés?*

R. Les signes d'altération exercent leur action non-seulement sur la note devant laquelle ils sont posés, mais encore sur toutes les autres notes de même nom que celle-ci, jusqu'à la fin de la mesure.

EXEMPLE :

D. *Ne place-t-on les signes d'altération que devant les notes ?*

R. On place encore les signes d'altération immédiatement après la clef, et alors leur effet est permanent.

EXEMPLES :

Signes accidentels.

D. *Qu'est-ce que les signes d'altération accidentels ?*

R. On nomme *accidentels* les signes d'altération qui ne sont pas à la clef, mais qu'on rencontre passagèrement devant une note.

D. *N'y a-t-il pas deux manières de partager un ton en deux demi-tons ?*

R. Oui, on peut le partager, soit au moyen du dièse, soit au moyen du bémol.

EXEMPLE :

D. *Ne distingue-t-on pas deux sortes de demi-tons?*

R. Oui, il y a le *demi-ton diatonique* et le *demi-ton chromatique.*

Deux sortes de demi-tons.

D. *Qu'est ce que le demi-ton diatonique?*

R. C'est celui qui existe entre deux notes de noms différents : *ut ré* ♭ ; *ut* ♯ *ré* (voy. l'exemple précédent).

Demi-ton diatonique

D. *Qu'est-ce que le demi-ton chromatique?*

R. C'est celui qui existe entre deux notes de même nom : *ut ut* ♯; *ré* ♭ *ré* ♮ (voy. l'exemple précédent).

Demi-ton chromatique.

D. *De quelle nature sont les demi-tons* MI FA et SI UT?

R. Les demi-tons *mi fa* et *si ut*, étant formés avec des notes de noms différents, sont des demi-tons diatoniques.

D. *Puisque l'on peut partager tous les tons de la gamme en deux demi-tons, comment nommerait-on une gamme entièrement formée de demi-tons?*

Gamme ou échelle chromatique.

R. Une semblable série de sons se nomme *gamme* ou *échelle chromatique.*

EXEMPLE :

NOTA. — On voit que la gamme chromatique peut être écrite avec des dièses ou avec des bémols.

QUATORZIÈME LEÇON.

DES INTERVALLES.

Intervalles.

D. *Qu'est-ce qu'un intervalle ?*

R. On appelle *intervalle* la distance d'un son à un autre.

Leurs noms.

D. *Quels noms donne-t-on aux intervalles ?*

R. Les intervalles se nomment : *seconde, tierce, quarte, quinte, sixte, septième* et *octave.*

D. *Qu'est-ce qu'une seconde ?*

R. C'est un intervalle de deux degrés :

D. *Qu'est-ce qu'une tierce ?*

R. C'est un intervalle de trois degrés :

D. *Qu'est-ce qu'une quarte ?*

R. C'est un intervalle de quatre degrés :

D. *Qu'est-ce qu'une quinte ?*

R. C'est un intervalle de cinq degrés :

D. *Qu'est-ce qu'une sixte ?*

R. C'est un intervalle de six degrés :

D. *Qu'est-ce qu'une septième ?*

R. C'est un intervalle de sept degrés :

D. *Qu'est-ce qu'une octave ?*

R. C'est un intervalle de huit degrés :

D. *Quels sont les noms des intervalles qui dépassent l'octave ?*

R. En poursuivant au delà de l'octave, on aurait la *neuvième*, **la** *dixième*, la *onzième*, la *douzième*, etc.

D. *Qu'est-ce que les intervalles simples?*

R. On nomme *intervalles simples* ceux qui ne dépassent pas l'octave.

D. *Qu'est-ce que les intervalles composés?*

R. On appelle *intervalles composés* ceux qui dépassent l'octave, parce qu'ils ne sont que la réplique des intervalles simples.

Ainsi la *neuvième* est la répétition de la seconde à une octave plus haut; la *dixième*, la répétition de la tierce; la *onzième*, celle de la quarte, etc.

EXEMPLES :

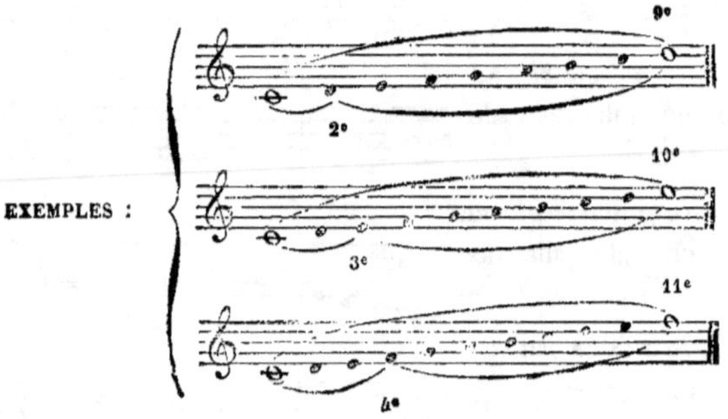

QUINZIÈME LEÇON.

DES GAMMES OU TONS (1).

D. *Pourrait-on faire la gamme en prenant pour premier degré une autre note que l'*UT ?

R. Oui, on peut faire la gamme en prenant pour premier degré une note quelconque.

(On jouera à l'élève la gamme dans plusieurs tons, en lui faisant remarquer que c'est *toujours le même chant.*)

D. *Comment désigne-t-on les gammes établies sur les différentes notes ?*

R. Une gamme est désignée par le nom de la note qui en forme le premier degré. Ainsi la gamme que nous avons vue se nomme *gamme d'*UT, parce que son premier degré est *ut.* Il peut y avoir encore la *gamme de* RÉ, la *gamme de* MI, la *gamme de* FA, etc.

---

(1) Ce mot *ton* a plusieurs significations en musique. Il faut entendre ici par *ton* l'ensemble des notes d'une gamme diatonique.

Tonique.

D. *Quel nom donne-t-on au premier degré d'une gamme ?*

R. Le premier degré d'une gamme s'appelle *tonique.*

Comment on
obtient
les différents
tons.

D. *A quelle condition peut-on faire une gamme semblable à la gamme d'UT, en prenant pour tonique une autre note que l'UT ?*

R. A la condition de conserver aux tons et aux demi-tons la position qu'ils doivent avoir. (Les demi-tons placés du 3ᵉ au 4ᵉ degré et du 7ᵉ au 8ᵉ.)

D. *Comment obtient-on ce résultat ?*

R. On obtient ce résultat en altérant certaines notes.

EXEMPLES :

		1	2	3	4	5	6	7	8
Gamme d'*ut* (modèle)		Ut,	ré,	mi,	fa,	sol,	la,	si,	ut.
				1/2 ton.				1/2 ton.	
Gamme de *sol*		Sol,	la,	si,	ut,	ré,	mi,	fa #	sol.
				1/2 ton.				1/2 ton.	
Gamme de *fa*		Fa	sol,	la,	si♭,	ut,	ré,	mi,	fa.
				1/2 ton.				1/2 ton.	

SEIZIÈME LEÇON.

DES ALTÉRATIONS NÉCESSAIRES A LA FORMATION DES DIFFÉRENTES GAMMES.

(DIÈSES.)

D. *Quelle est l'altération nécessaire à la formation de la gamme de* sol ?   Tous
avec dièses.
R. En prenant *sol* pour tonique, il faudra faire *fa* dièse. (Les autres notes
seront naturelles.)

D. *Quelles sont les altérations nécessaires à la formation de la gamme*
de ré ?

R. En prenant *ré* pour tonique, il faudra faire *fa* et *ut* dièses. (Les
autres notes naturelles.)

D. *Quelles sont les altérations nécessaires à la formation de la gamme*
de la ?

R. En prenant *la* pour tonique, il faudra faire *fa*, *ut* et *sol* dièses. (Les
autres notes naturelles.)

4

D *Quelles sont les altérations nécessaires à la formation de la gamme de* mi?

R. En prenant *mi* pour tonique, il faudra faire *fa, ut, sol* et *ré* dièses. (Les autres notes naturelles.)

D. *Quelles sont les altérations nécessaires à la formation de la gamme de* si?

R. En prenant *si* pour tonique, il faudra faire *fa, ut, sol, ré* et *la* dièses. (Les autres notes naturelles.)

D. *Quelles sont les altérations nécessaires à la formation de la gamme de* FA #?

R. En prenant *fa* # pour tonique, il faudra faire *fa, ut, sol, ré, la* et *mi* dièses. (Il n'y aura d'autre note naturelle que le *si.*)

D. *Quelles sont les altérations nécessaires à la formation de la gamme d'*UT #?

R. En prenant *ut* # pour tonique, il faudra faire *fa, ut, sol, ré, la, mi* et *si* dièses. (C'est-à-dire toutes les sept notes dièses.)

DIX-SEPTIEME LEÇON.

DES ALTÉRATIONS NÉCESSAIRES A LA FORMATION DES DIFFÉRENTES GAMMES.
(BÉMOLS.)

D. *Quelle est l'altération nécessaire à la formation de la gamme de* fa?   Tous
avec bémols.
R. En prenant *fa* pour tonique, il faudra faire le *si* bémol. (Les autres
notes seront naturelles.)

D. *Quelles sont les altérations nécessaires à la formation de la gamme
de* si ♭?

R. En prenant *si* ♭ pour tonique, il faudra faire *si* et *mi* bémols. (Les
autres notes naturelles.)

D. *Quelles sont les altérations nécessaires à la formation de la gamme
de* mi ♭?

R. En prenant *mi* ♭ pour tonique, il faudra faire *si*, *mi* et *la* bémols.
(Les autres notes naturelles.)

D. *Quelles sont les altérations nécessaires à la formation de la gamme de* la ♭?

R. En prenant *la* ♭ pour tonique, il faudra faire *si*, *mi*, *la* et *ré* bémols. (Les autres notes naturelles.)

D. *Quelles sont les altérations nécessaires à la formation de la gamme de* ré ♭?

R. En prenant *ré* ♭ pour tonique, il faudra faire *si*, *mi*, *la*, *ré* et *sol* bémols. (Les autres notes naturelles.)

D. *Quelles sont les altérations nécessaires à la formation de la gamme de* sol ♭?

R. En prenant *sol* ♭ pour tonique, il faudra faire *si*, *mi*, *la*, *ré*, *sol* et *ut* bémols. (Il n'y aura d'autre note naturelle que le *fa*.)

D. *Quelles sont les altérations nécessaires à la formation de la gamme* d'ut ♭ ?

R. En prenant *ut* ♭ pour tonique, il faudra faire *si*, *mi*, *la*, *ré*, *sol*, *ut* et *fa* bémols. (C'est-à-dire toutes les sept notes bémols.)

DIX-HUITIÈME LEÇON.

ORDRE DES DIÈSES ET DES BÉMOLS.

D. *Dans quel ordre les dièses se produisent-ils ?*

R. On a pu remarquer, dans la seizième leçon, que le premier dièse était sur *fa*, et que les dièses suivants se produisaient de *quinte en quinte* en montant (C'est-à-dire comptées en montant.)

Progression des dièses.

EXEMPLE :

FA, sol, la, si, UT, ré, mi, fa, SOL, la, si, ut, RÉ, etc.

5te   5te   5te

D. *Nommez la série des dièses.*

R. Fa ♯, ut ♯, sol ♯, ré ♯, la ♯, mi ♯, si ♯.

D. *Dans quel ordre les bémols se produisent-ils ?*

R. On a dû remarquer, dans la dix-septième leçon, que le premier bémol était sur *si*, et que les bémols suivants se produisaient de *quinte en quinte* en descendant. (C'est-à-dire comptées en descendant.)

Progression des bémols

EXEMPLE :

SI, la, sol, fa, MI, ré, ut, si, LA, sol, fa, mi, RÉ, etc.

5te 5te 5te

D. *Nommez la série des bémols.*

R. Si ♭, mi ♭, la ♭, ré ♭, sol ♭, ut ♭, fa ♭.

COMMENT ON RECONNAÎT LE TON PAR LES DIÈSES OU LES BÉMOLS DE LA CLEF.

Position de la tonique par rapport au dernier dièse.

D. *Dans les tons avec des dièses, à quelle distance la tonique est-elle du dernier des dièses posés à la clef ?*

R. Dans les tons avec des dièses, la tonique est *un degré* au-dessus du dernier des dièses posés à la clef.

EXEMPLES :

Dièse unique *fa* ♯ :   tonique *sol.*
Dernier dièse *ut* ♯ :   tonique *ré.*
Dernier dièse *sol* ♯ :   tonique *la.*
Etc.

D. *Dans les tons avec des bémols, à quelle distance la tonique est-elle du dernier des bémols posés à la clef?*

R. Dans les tons avec des bémols, la tonique est le *quatrième degré* au-dessous du dernier des bémols posés à la clef.

Position de la tonique par rapport au dernier bémol.

EXEMPLES :

Bémol unique *si* ♭ :   tonique *fa.*
Dernier bémol *mi* ♭ :   tonique *si* ♭.
Dernier bémol *la* ♭ :   tonique *mi* ♭.
   Etc.

DIX-NEUVIÈME LEÇON.

DES MODES.

D. *Combien y a-t-il de sortes de gammes diatoniques?*

R. Il y a deux sortes de gammes diatoniques : l'une de *mode majeur,* et l'autre de *mode mineur.*

Deux modes.

D. *Qu'est-ce qui constitue le mode d'une gamme ?*

R. Ce qui constitue le *mode,* c'est la place qu'occupent les demi-tons dans la gamme.

Constitution du mode

Gamme de mode majeur.

D. *Où sont placés les demi-tons dans la gamme majeure ?*

R. Dans la gamme majeure, les demi-tons sont placés du troisième au quatrième degré, et du septième au huitième.

Gamme de mode mineur.

D. *Combien la gamme mineure contient-elle de demi-tons ?*

R. La gamme mineure se fait de deux manières : avec deux et avec trois demi-tons.

Gamme mineure avec trois demi-tons.

D. *Quand on fait trois demi-tons dans la gamme mineure, où ces demi-tons sont-ils placés ?*

R. Le premier demi-ton est toujours entre le deuxième et le troisième degré. Le deuxième et le troisième demi-ton sont placés du cinquième au sixième degré et du septième au huitième.

GAMME MINEURE AVEC TROIS DEMI-TONS.

EXEMPLE :

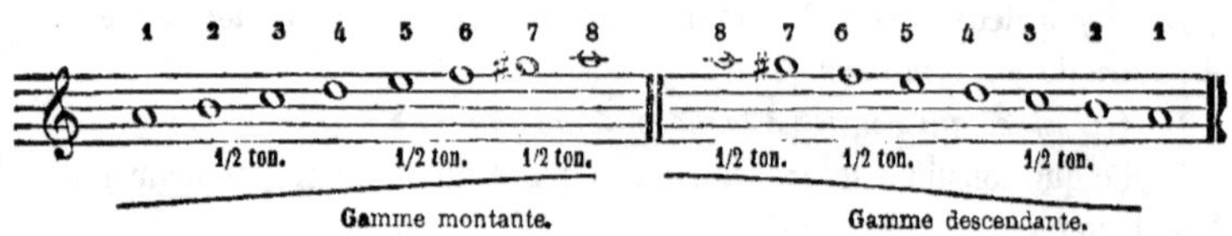

Gamme mineure avec deux demi-tons.

D. *Quand on ne fait que deux demi-tons dans la gamme mineure, où ces demi-tons sont-ils placés ?*

R. La gamme mineure avec deux demi-tons ne se fait pas en descendant comme en montant. Le premier demi-ton est invariablement placé entre le deuxième et le troisième degré; mais le deuxième demi ton se trouve, en montant, du septième au huitième degré, et, en descendant, du sixième au cinquième.

GAMME MINEURE AVEC DEUX DEMI-TONS.

EXEMPLE :

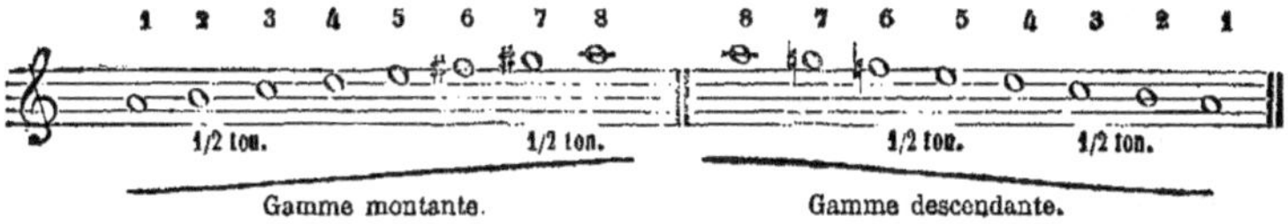

Gamme montante. Gamme descendante.

VINGTIÈME LEÇON.

DE LA NOTE SENSIBLE DANS LA GAMME MINEURE. — GAMMES MODÈLES DANS LES DEUX MODES.

D. *Ne rencontre-t-on pas une altération accidentelle dans la gamme mineure?*

R. On rencontre dans la gamme mineure une altération accidentelle au septième degré.

D. *Quel est l'objet de cette altération du septième degré ?*

R. Cette altération a pour objet de placer le septième degré à un demi-ton de la tonique.

Note sensible. D. *Comment nomme-t-on le septième degré placé à un demi-ton de la tonique?*

R. Le septième degré placé à un demi-ton de la tonique s'appelle *note sensible.*

D. *Pourquoi ne place-t-on pas à la clef l'altération qui produit la note sensible dans la gamme mineure?*

R. Parce que l'altération qui produit la note sensible dans la gamme mineure, ne se faisant pas toujours dans la gamme descendante, est purement accidentelle.

D. *La gamme mineure présente-t-elle d'autre altération que celle du septième degré?*

R. Dans la gamme mineure montante, avec deux demi-tons, on rencontre, en outre, une altération au sixième degré.

Ces deux altérations disparaissent dans la gamme descendante.

D. *Quelles sont les gammes qui servent de modèles, dans les modes* Gammes modèles. *majeur et mineur, pour former ies au.res gammes ?*

R. La *gamme mineure de* LA est le modèle des gammes mineures, comme la *gamme majeure d'*UT est le modèle des gammes majeures.

VINGT ET UNIÈME LEÇON.

DES GAMMES OU TONS RELATIFS.

D. *Qu'est-ce que les tons relatifs ?* Tons relatifs.

R. On appelle *relatifs* deux tons, l'un majeur et l'autre mineur, qui prennent les mêmes signes à la clef.

D. *Chaque ton majeur a-t-il un ton mineur relatif?*

R. Oui, chaque ton majeur a un ton mineur relatif (et réciproquement).

D. Comment savoir quel est le ton mineur relatif d'un ton majeur donné ? — ou vice versâ ?

R. La tonique de la gamme mineure est toujours une tierce au-dessous de la tonique de la gamme majeure relative.

*D. Quel est le relatif mineur du ton d'*UT *majeur ?*

R. *La* mineur.

D. De SOL *majeur?* . . . . . (Un dièse.)

R. *Mi* mineur.

D. De RÉ *majeur?* . . . . . . (Deux dièses.)

R. *Si* mineur.

D. De LA *majeur ?* . . . . . . (Trois dièses.)

R. *Fa* # mineur.

D. De MI *majeur?* . . . . . (Quatre dièses.)

R. *Ut* # mineur.

D. *De* SI *majeur?* . . . . (Cinq dièses.)
R. *Sol* # mineur.
D. *De* FA # *majeur?* . . . . (Six dièses.)
R. *Ré* # mineur.

D. *D'ut # majeur ?* . . . . .   .   (Sept dièses.)
R. *La#* mineur.

D. *Du ton de* FA *majeur ?* . . .   (Un bémol.)
R. *Ré* mineur.
D. *De* SI ♭ *majeur ?* . . . . .   (Deux bémols.)
R. *Sol* mineur.
D. *De* MI ♭ *majeur ?* . . . . .   (Trois bémols.)
R. *Ut* mineur.
D. *De* LA ♭ *majeur ?* . . . . .   (Quatre bémols.)
R. *Fa* mineur.

D. *De* RÉ ♭ *majeur ?* . . . .   (Cinq bémols.)
R. *Si* ♭ mineur.
D. *De* SOL ♭ *majeur ?* . . . .   (Six bémols.)
R. *Mi* ♭ mineur.
D. *D'ut* ♭ *majeur ?* . . . .   (Sept bémols.)
R. *La* ♭ mineur.

Comment on les distingue.   D. *Par quel moyen peut-on distinguer le ton majeur de son relatif mineur, puisque ces deux tons prennent les mêmes signes à la clef ?*

R. Les tons relatifs se distinguent l'un de l'autre au moyen de la **note** sensible du ton mineur. Quand on la rencontre, on est en mineur. Quand on ne la rencontre pas, on est en majeur (1).

(1) Cette indication n'est pas toujours certaine. (Voyez *Étude développée*, § 117.)

TABLE.

www.ingramcontent.com/pod-product-compliance
Lightning Source LLC
LaVergne TN
LVHW022332170726
843503LV00006B/2844